MEDITACIÓN PARA LAS ETAPAS DE RECUPERACIÓN

Diseño de ilustraciones: LDG. Ana Yarely Cruz Zapata
Diseño Portada: Paulina Stephanie Lpz. / effy studio
Diseño Editorial: Ricardo E. Reyes / effy studio

Nota a los lectores

Esta publicación contiene las opiniones e ideas de su autor. Su intención es ofrecer material útil e informativo sobre el tema tratado. Las estrategias tratadas pueden no ser apropiadas para todos los individuos y no se garantiza ningún resultado en particular

Agradecimientos

Mi gratitud al Universo, desde el fondo de mi ser a todos y cada uno de mis maestros que me dieron la oportunidad de apreciar su conocimiento y me regalaron sus experiencia.

En este camino del yoga donde aprendo a amar mejor MI MUNDO.

A mi familia por su enorme comprensión y apoyo.

LIc. Cruz Zapata por su gran colaboración.

Jorge L., Jorge y Jesús, gracias por su comprensión.

Infinitas gracias, a ustedes por hacer posible este regalo del universo.

Índice

Introducción

El siguiente contenido es un conjunto de narraciones interactivas, combinadas con técnicas de respiración, movimientos suaves y meditaciones en reposo y movimiento, que tiene como finalidad llevar al niños y adultos a un estado de tranquilidad.

Cada dinámica y frecuencia con la que se aplica, debe ser evaluada por el personal de salud a cargo en ese momento.

Este material se originó en la búsqueda de ofrecer una opción de meditación relajación en las etapas de recuperación de la salud, ya sea dentro del área hospitalaria o en el hogar.

Dirigido al personal de salud, padres y familiares que se encuentren al cuidado de recuperación.

Seguimos trabajando por el bienestar de niños y adultos, haciendo más llevadera la labor del personal de salud, padres y familiares.

Cada comentario o sugerencia en el mejoramiento de este material es bienvenido.

Enviar correo electrónico; zrouse.ac46@gmail.com; bajo el asunto de "comentario".

Origen de meditación para etapas de recuperación

De la práctica y aplicación del programa de inteligencia emocional, surgió parte de la inspiración para desarrollar el presente material, inicialmente se tenía pensado solo para el área pediátrica hospitalaria, sin embargo en la etapa de recuperación en el hogar se puede aplicar, así como asilos, para dinámica recreativa y terapia corporal. Contribuyó también la lectura de algunos libros como: Tu puedes sanar tu vida de Louse L. Hay, La voz de tu alma Laín G.

Así también métodos holísticos, como baños de Gong, Taller de arteterapia, y clases de meditación.

Influenciado por las certificaciones de yoga holístico, Restaurativo y diversos talleres de enseñanzas milenarias del yoga.

Interactuando historias cortas, invitamos al niño o adulto a una meditación, algunas veces en movimiento, mostradas de una forma divertida, permitiendo que el narrador activo sienta la experiencia y la comparta.

Compartiendo emociones aprendemos mejor.

De esta forma se nutre el proceso en las interacciones del presente material.

Menciono algunos de los profesores que contribuyeron en mi formación , dejando solo en esencia su filosofía de vida que atesoro enormemente, Vero Mora, Marteen Zarate, Cinthya Landa, Fernando Martínez, Vero Ronquillo, Almendra García, Sandy Del Ángel, Saúl Ortiz, Coco López, Dr. Edgardo Elias Vázquez, José Ma. Olguín, Karla Rivera, Adela Calderón, Ramiro Enriquez, Irene García, Fernanda Ortega, Yoguendra Swaraj Serma, Viridiana Morales.

Al incluir la temática de meditación en el área de recuperación explora su imaginación y a través de la respiración, ir de un momento incómodo e inestable en quietud mental.

"Es un material didáctico muy práctico y adaptable a diferentes entornos, el manejo de los movimientos suaves y multi-articulares, la dirección y flujo de las visualizaciones, respiraciones y las meditaciones sugeridas en estas dinámicas pueden ofrecer muchos beneficios con respecto a la salud mental y física de las personas.

Desde mi punto de vista lo más valioso de este proyecto, es la facilidad con la que se presentan, de manera que es sencillo de aprender, entender y aplicar por diferentes personas, ya sean maestros de educación primaria, física, instructores deportivos, cuidadores en asilos, o quizás incluso como terapia ocupacional complementaria en un ambiente hospitalario, esto en grupos de niños o adultos mayores, siendo adaptable de manera fácil a las necesidades particulares del mismo".

Dr. Elías Edgardo Vázquez Cruz

Médico general. Orientador en hábitos y estilo de vida.
Expositor e instructor nacional de Yoga sobre temas de
salud y calidad de vida.

"Encuentro en estas narraciones mucha diversión y creatividad. Me parece genial que con posturas de yoga se pueda ir desarrollando un cuento pequeño que nos regale no solo paz al escucharlo y relajación al respirar, sino también una filosofía breve sobre cómo vivir la vida. El reino animal es

un misterio del cual hemos ido olvidando sus secretos, conectar con los animales, la vegetación y todo aquello que la naturaleza tiene por ofrecer, estimula nuestra imaginación y fortalece el espíritu. Recuperar el poder de visualización y fortalecerlo a través de una colorida imaginación, nos permitirá sentir en nuestro cuerpo esa hambre que tiene el espíritu por conocer su propia creación.

Todos los días existirá algo nuevo que refrescará nuestro ser y nos motivará a siempre querer aprender más. Y estar en la mejor disposición para ir desarrollando la humildad. Definitivamente creo que puede ayudar a los niños que no se encuentren en las condiciones adecuadas para llevar una práctica física apropiada, sino se puede trabajar el cuerpo, hay que ir al cerebro y estimular la imaginación y el conocimiento es el mejor ejercicio".

José María Olguín Alonso (Chema)

Profesor de Hatha yoga, Yogiminds y yoga restaurativo

"Un material muy enriquecedor, con descripciones precisas y fáciles de comprender por la explicación que vuelve gráficas las posturas. En conjunto sintetiza secuencias de yoga para ser explicadas a modo de pequeños cuentos, aptos para niños, lo cual permite mejorar su salud física y mental. Los niños que se encuentran en área de hospitales requieren

de cuidados diferentes a los de un adulto, la fragilidad de sus sentimientos es notablemente mayor a la de un adulto, es por eso, que este manual se enfoca en transmitir paz y relajación, para que los niños pueden seguir siendo niños y puedan olvidarse un poco del ambiente hospitalario, y al mismo tiempo ejercitan su mente y su cuerpo".

Ana Yarely Cruz Zapata

Diseñadora Gráfica. Diseñadora. Colaboradora del presente material.Practicante de Yoga.

"Este programa desde comencé a leerlo parte por parte, me di cuenta que tenía puesto el corazón y el alma en su elaboración, A, Rouse es una persona que ha podido mirar a esas personas que pasan por momentos a veces difíciles y ha convertido eso en un espacio para poder junto con ellos, cambiar la mirada y disfrutar de cada momento de la vida, estando en el aquí y en el ahora, como usualmente se hace en los juegos y dinámicas expuestas, es como podemos expresarle a cualquier personas, que cada momento es único y se puede disfrutar. Llevar todo esto a personas que cuentan con alguna limitación temporal o tal vez ya no han podido disfrutar de la vida como antes, les devuelve la energía que necesitan para afrontar cualquier situación y salir con alegría, gozo y totalmente fortalecidos para disfrutar de cada día.

La importancia de la risa y el movimiento en su impacto con el cerebro, se ha demostrado que puede revertir cualquier enfermedad y hacer tolerante cualquier diagnóstico, creo que este programa es de lo más benéfico para las personas que están a veces en espacios algo solos o sin tanta interacción, y creo firmemente que puede cambiar la vida de muchos y mejorarla en diversos aspectos. Es un programa totalmente para el beneficio de todos los que lo vayan a conocer y ejercer. Mis más sinceros agradecimientos a Roose por crear tan bonita herramientas y preocuparse en incluir a todas las personas en el beneficio de la salud integral."

Fernando Martinez Kids Coach (Mister Emociones)

Profesor de primaria, Coach, entrenador de yogiminds

Escritor.

"Me complace y satisface escribir estas palabras para presentar este manual de meditación que surge desde la experiencia de A. Rouse, la autora. Su intención noble para compartir esta joya creativa que junta los elementos y las herramientas de México y de la India para inducir a los niños en un estado de tranquilidad, paz y salud con la ayuda de su propia naturaleza interna. Es nuestra naturaleza esencial vivir en tranquilidad mental, física y emocional. Por diferentes razones nos alejamos de ella y empezamos a experimentar incomodidades en diferentes niveles de nuestra existencia.

Los viajes meditativos que los niños vivirán a través de las técnicas, las palabras y los ejercicios en los que A. propone nos llevarán a nuestro interior que está libre de cualquier ansiedad e incomodidad. Le felicito y agradezco a A. Rouse por crear este ¨espacio¨ que ayuda a establecernos en el espacio de nuestros corazones."

Yogendra ´Swaraj´Sharma

Maestro indio, catedrático de la UNAM, Doctorado en Filosofía y Letras, Maestro de Yoga y de meditación

"El material contiene tanto ejercicios de yoga como las indicaciones detalladas de cómo realizar cada ejercicio/practica, considero oportuno el medio para el cual se realizó este manual y que en conjunto con un padre de familia o tutor ayudará al niño a mejorar varios aspectos de su cuerpo y mente, así como los padres podrán a la par con los niños mejorar su fuerza física, aprender a respirar de manera adecuada, entre muchas otros beneficios. Probablemente pueda optimizar el tiempo de calidad con los hijos y la relación que hay."

Eps. Teresa Marilu Perez Leal

Voluntaria por 2 años en AIESEC en el área de recursos humanos Psicóloga con 3 años de experiencia en atención psicológica en centro comunitario IEST ANAHUAC

"El material pinta para ser un gran proyecto mucho muy extenso de gran alcance... El niño(a) o adulto crean vínculos con las personas sensibles y receptivas a las interacciones sociales. Estos vínculos son necesarios para dar un firme sustento emocional, que permite a los infantes sentirse confiados y seguros para dar los pasos necesarios, referentes a su recuperación hospitalaria, auxiliado y acompañando, durante este proceso"

Yuliam Grisel Pérez Murillo

Lic. en psicología general, máster en educación especial y estimulación temprana.

Recomendaciones

Antes de leer el material, revisa estas instrucciones.

Cada una de las interacciones debe ser evaluada por el personal de salud a cargo.

Analizar y comprender la dinámica de dichas interacciones.

Por la integridad y mejoramiento en la salud del niño o adulto, brindando una alternativa para complementar su tratamiento dentro y fuera de una institución de salud.

El personal de salud que esté en contacto con este material debe evaluar y autorizar las condiciones físicas del niño.

Así como familiarizarse con las técnicas de respiración, y posturas de yoga.

1
ÁGUILAS FUERTES

Águilas fuertes

Imaginamos las plumas suaves de un águila pequeña en nuestro cuerpo, las tocamos y acariciamos.

Comienza haciendo 3 respiraciones suaves, lentas, pueden cerrar ojitos, el águila puede sentarse o completamente acostada. Ahora, inhala, levanta lentamente sus alas (levanta las manos), atrás y exhalando baja sus alas. Seguimos inhalando suave. Llevamos, brazos arriba, juntamos las palmas de las manos y las bajamos por en medio de nosotros llegando al pecho exhalando. Nuevamente inhalamos lentamente extendiendo alitas y exhalando las cruzamos frente a nosotros izquierda encima de la derecha y las movemos hacia arriba y hacia abajo, podemos dejar juntas las palmas de las manos o separar solo las manos. Cada vez que inhalamos y exhalamos crecemos.

Así con el ritmo de la respiración movemos nuestras alitas. La aguilita inhala sube las alitas y exhala las baja. Ahora muy despacio, descruza las alitas inhala suave, las extiende y las baja lentamente exhalando tranquilamente. Ahora sentimos como nuestras alas crecieron, y se transformaron en un águila más grande reconocemos que la respiración nos hace observar nuestro cuerpo, la aguilita abre los brazos

coloca la mano derecha encima de la izquierda y cruzamos, si es posible, y si no llega la alita no pasa nada ahí se queda, los brazos aun cruzados y los alejamos un poco de nuestro pecho, asi como estamos podemos dejar nuestras manos juntas, o las podemos separar e inhalamos suave , las juntamos y exhalamos lentamente.

Y así sentimos las cualidades del águila, somos fuertes, ágiles e inteligentes, seguimos inhalando suave y exhalamos despacio, separamos brazos y manos juntas.

Nuevamente el águila extiende los brazos y reconoce que se siente más grande y muy suave a pesar de que a veces está cansada de tanto volar. El pájaro cantor le dice lo grande que se ve. El águila le contesta: —Tú eres del tamaño adecuado, puedes caber en cualquier escondite.

El pájaro Aron, se queda tranquilo, feliz y respirando suave y lento. Agradeciendo por el momento y por cada respiración regalada.

2
LA MONTAÑA SONRIENTE

La montaña sonriente

Nos transformamos en una montaña grande fuerte, llena de naturaleza, rodeada de vida.

Y ahora unimos nuestras manitas y nos sentimos como una montaña grande inhalamos, elevamos nuestros hombros y exhalamos despacio, y la montaña vuelve a inhalar, y levantamos los hombros y abajo exhalamos muy suave. Seguimos inhalando suave y exhalamos despacio. Con los ojos cerrados volvemos a sentir nuestra fuerza de montaña, su gran tamaño, que el viento ni la lluvia puede mover. Respiramos y solo sentimos el viento pasar por nuestra carita, respiramos y le soplamos al viento con nuestra exhalación. Volvemos a inhalar y la montaña se siente más fuerte y exhala y se vuelve más firme. Ahora desde donde estamos podemos cerrar nuestros ojos, observamos el águila volar, la nube pasar y cambiar de forma. (Interactuar con la opiniones de cada niño, que expresen su percepciones, tamaños y dimensiones.)

Seguimos respirando y observamos en cada respiración algo nuevo, una hoja caer lentamente, el color de las flores, los sapitos brincar , una tortuga descansar (es momento de interactuar y cada niño expresa su percepción de forma color y tamaño). Y así seguimos respirando y en ese estado de paz, y le regalamos una sonrisa al compañero, abrimos los ojos y una mirada de agradecimiento, nos acercamos y abrazas a esa persona con la mirada. Y así nuestra montaña interior comienza a reconocer lo bien que se siente respirar y abrazar, con la sonrisa más hermosa y grande que haya sentido jamás nos despedimos y agradecemos, Gracias, gracias, gracias.

3
Guerrero Fuerte

Guerrero fuerte

Todos tenemos un guerrero dentro de nosotros, sólo hay que saber como dejarlo salir

Surge de nuestro interior un Guerrero (a)(nombre de cada niño). Sentado, levanta sus hombros arriba, inhalando lentamente y sin prisa exhala hombros abajo. Vuelve a subir sus hombros Inhala lentamente y baja los hombros exhala.

Con su fuerza crece y levanta las manos, inhala, junta sus manos, vuelve a respirar y las mantiene arriba juntas y exhala. (Si es posible lleva la pierna derecha enfrente, la flexiona a 45 grados la pierna izquierda la estira apoyando el pie en diagonal, las piernas bien firmes vuelve a inhalar suave y exhala profundo). Cierra sus ojos y siente su fuerza.

Cada vez que respira suave siente como cada parte de su cuerpecito crece y crece. Sonríe en su interior porque aún con los ojos cerrados se ve sonriendo y su sonrisa cada vez

es más grande y hermosa, seguimos respirando. Y bajamos las manos, juntamos las piernas, lo hacemos del otro lado, la pierna derecha enfrente, la izquierda atrás,se flexiona a 45 grados, subimos las manos derechas inhalamos y exhalamos. Inhalamos suaves y exhalamos lento. Ahora siente como sus amigos guerreros también sonríen y crecen.

Y desde ese estado de sonrisa y alegría interior comienzan a bajar sus manitas y siguen respirando suave sintiendo tranquilidad. Agradecemos tomar el sol, refrescarnos en el río, caminar por el pasto verde y suave, invitar a los otros guerreros a inhalar suave y exhalar despacio, este hermoso momento que todos podemos sonreír aprendimos que respirar, sonreír y crecer es parte de la diversión.

Gracias, gracias, gracias.

4
EL OSITO MIELOSO

El osito mieloso

Por qué el osito meloso también es fuerte como nosotros.

Sentado el osito (nombre del niño) podemos cerrar los ojitos, contemplaba la miel y respirar suave, observaba el color brillante de la miel, notaba su suavidad, su movimiento al caer de la cuchara al regresar al tarro. Solo con contemplarla se sentía reconfortado. Esperaba a su amigo el grillo para compartirla con él. El grillo intrépido le agradeció por esperarlo para el festín de tan noble mangar. Poco a poco ambos respiraron mientras dejaban caer una gota pequeña de miel en el interior de su pequeña boca.

Una chispa de dulzura se expandió en la lengua y respirando y aun con los ojos cerrados, continuaron disfrutando de ese delicioso manjar.

De pronto comenzaron a llegar los hermanos de grillito y se unieron a la degustación. Sabiendo que compartir los hace crecer. Tomaban su pancita sintiendo que su cuerpo estaría saludable con unas gotas de la dulce miel. Y desde ese estado de gozo comenzaron a danzar, movieron sus manitas, las levantaron y la bajaron con gran algarabía. Aplaudieron sin cesar. Tomaron la miel con medida y placer. Y así conscientes de los límites a la hora de tomar la miel, felices se quedaron.

5
EL PEQUEÑO GUERRERO 2

EL PEQUEÑO GUERRERO 2

El esfuerzo constante hace crecer al guerrero. La disciplina es la clave.

El pequeño guerrero ,esforzándose siempre, sabe qué creciendo puede obtener fuerza, apenas comienza el día y decide planear todo lo que aplicará en su cuerpo para obtenerla, alimentarse con su comida favorita y saludable, comenzó la rutina Inhalando suavemente y exhalando despacio y sabe que todo lo que su cuerpo recibe es bueno. Vuelve a inhalar profundo y exhalar suave, se siente adolorido, pero reconoce que alcanzará la fuerza, porque su amiga la disciplina lo acompaña en todo momento, si se cae en el entrenamiento no pasa nada, solo inhala suave y exhala despacio.

Y así continúa cada día al despertar, cierra sus ojos y siente cómo sus brazos son más resistentes para soportar su propio cuerpo, cuando se pone en postura de guerrero estira sus brazos, derecho enfrente el izquierdo atrás, inhala suave y exhala suave y disfruta su estiramiento. (Si te es posible lleva la pierna derecha enfrente doblada apoyada en el piso y estiramos la izquierda hacia atrás.) Sigue inhalando y exhalando

mientras observa y aprende, que el sol lo nutre, que la lluvia lo reconforta, que el viento lo refresque, vuelve a respirar y sabe que siempre estará dispuesto a observar.

Dedica tiempo a disfrutar de su alrededor, sin preguntar,... solo a observar, dirige su respiración hacia adelante y sigue inhalando suave y exhalando despacio.

Cambiamos de lado. Sentado y respirando lleva su mano derecha extendida hacia atrás y la mano izquierda extendida hacia adelante, inhala profundo y se estira exhala suave y comienza a sentirse un poco más fuerte, sigue inhalando suave y exhala despacio. Cambia de brazo lleva el brazo derecho atrás, inhala suave y siente que su trabajo apenas comienza. Vuelve a inhalar suave y exhala despacio. Agradece a el tiempo, a la vida, a la oportunidad de aprender a realizar un nuevo esfuerzo para sentirse más fuerte. Y así en ese estado, observa la sensación de su cuerpo y abraza su calma.

6
EL GATO LORENZO Y LA VACA JOSEFINA

EL GATO LORENZO Y LA VACA JOSEFINA

Josefina la vaca, acostada observaba boca arriba y analizaba que podía dibujar en el techo, con un gran lápiz que incluso podía sostener con sus labios, dibujar y realizar trazos. Solo imaginarlo surgía una gran emoción, que la hacía planear todo lo que podía trazar y divertirse.

Ahora para respirar y pensar mejor, hacemos lo que hace Josefina la vaca con sus hombros arriba inhalamos, hombros abajo exhalamos, inhalando nuevamente empujamos con los codos hacia abajo lentamente, arqueamos la espalda, juntamos omóplatos abrimos el pecho, contraemos abdomen apretando la pancita si es posible, exhalamos y sentimos como nuestro pecho se abre.

Inhalamos y regresamos a la postura normal acostados, como Josefina, exhalamos suavemente, y llevamos la cabeza descansando plácidamente.

Y seguimos respirando mientras descansamos plácidamente todo nuestro cuerpo.

Volvemos a inhalar con la vaca Josefina que se divierte alegremente, se siente bien porque al sonreír recibe una sonrisa de regreso.

Mientras que Lorenzo el gato enojado se contagia de su sonrisa, cambia su ceño por una hermosa y grande sonrisa al ver lo divertida y complacida que se encuentra Josefina. Al gato Lorenzo le gusta estirarse por la mañana y la vaca lo acompaña en su proceso de estiramiento.

Vamos a estirarnos con Josefina y el gato Lorenzo. Manitas apoyadas en el piso o en la cama, doblamos ligeramente los codos, arqueamos la espalda, llevamos la barbilla ligeramente hacia arriba si no hay molestia, ahora encorvamos y llevamos la barbilla al pecho y exhalamos.

Cada vez que hace estos movimientos sabe que su cuerpo estará fortalecido y su corazón agradecido. Y desde ese estado de respiración tranquila nos quedamos reconociendo nuestro cuerpo y así cada día agradecemos poder estirarnos y sonreír.

Gracias, gracias, gracias

7
LA SERPIENTE AGRADECIDA

La serpiente agradecida

Siempre agradece las pequeñas cosas como el calor del sol, la frescura del viento y la alegría de la vida

Desde el lugar donde nos encontramos vamos creando los colores que tendrá la serpiente , yo elijo amarillo y verde y el último color es el de sus ojos, y elijo el dorado, nos colocamos boca abajo. Inhalamos suavemente exhalamos en calma y sentimos esos colores hermosos brillantes, apoyamos las manitas en la cama o en piso firme inhalamos suavemente y abrimos el pecho, levantamos la cabeza hombros atrás y exhalamos despacio, bajamos la cabeza y también los hombros. Ahora la serpiente agradece que puede tomar el sol y sisea, sssss, ssss, ssss, respira lento y suave y ahora agradece que puede elegir la roca más confortable y posar en ella y vuelve a sisear ssss, ssss ,ssss.

Seguimos respirando muy suave y lento ahora la serpiente agradece al río por compartir su agua para refrescarse, y vuelve a sisear, ssss, ssss, ssss, ahora sisea hacia la derecha ssss, y después a la izquierda ssss, y el agradecimiento le hace sentido, porque aprecia todo lo bueno y lo mejor que está a su alcance.

Ahora observa el árbol frutal y se deleita con sus frutos nutritivos y suculentos, se aproxima resbalando y llega a otro fruto, lo muerde y lo saborea, se llena de sus nutrientes abundantes y su cuerpo fortalecido se siente feliz, inhalando profundo y exhalando lento, cierra sus ojos y el agradecimiento invade su corazón rojito y solo se permite sentir. Y desde ese estado de tranquilidad disfruta del presente.

Gracias, gracias, gracias.

8
LUCIANO EL LEÓN

Luciano el león

Eres el poder que imaginas. Ruge como un león y serás poderoso como león.

Comenzamos imaginando las cualidades del León, llamado el rey de la selva. Es imponente, valiente, fuerte y decidido, respiramos, podemos cerrar los ojos imaginando su enorme melena amarillo brillante. Inhalamos suavemente y exhalamos lentamente. Ahora imaginemos que somos un león y ese león rugirá y se sacude la enorme melena, sacando la lengua y exhalando. Vuelve a sacudir y exhalar y su lengua mostrar, sonríe, se reflejó en el estanque, observó lo tranquilo que se sintió después de sacudir sus preocupaciones. Ahora hace un rugido pequeño sacando la lengua, después uno grande inhala profundo y hace el rugido más grande que ni él mismo había escuchado. Vuelve inhalar suavemente saca su lengua y su rugido sale naturalmente, desde lejos lo observan leonas , águilas y cebras que cautelosas intentan imitarlo, imaginemos una cebra rugir como león, inhalamos lentamente sacamos la lengua y rugimos como cebra, jajaja, no salió igual, aun así lo sigue intentando inhala lentamente, saca su lengua y ruge

como cebra y después de ese intento su risa incontrolable es escuchada por todo alrededor, desde sapos, serpientes, aves y muchos más animales que se contagian con su risa.

Y así desde ese estado continúa su camino de aprendizaje, explorando cada situación que se va encontrando en el camino.

Y sonriendo sigue caminando para encontrar otra nueva aventura donde pueda seguir sonriendo. Aunque sabe que el temor por el león solo la llevo a convertir su miedo en algo divertido.

Luciano el león siguió rugiendo inspirando a otros animalitos por su gran rugido, cada uno con su peculiar sonido se fue divirtiendo y explorando su capacidad de rugir. Y desde ese estado observamos nuestro rugido y aprendemos un rugido nuevo cada día.

9
LA PEQUEÑA BAILARINA

La pequeña bailarina

Los amigos son los que te ayudan a recordar lo mejor de ti

La bailarina después de una caída estaba triste y con un poco de dolor, solo quería estar encerrada, su amigo el Guerrero Fuerte la fue a buscar, después de varios intentos, ella accedió y preguntó: —*"¿Qué sucede amiguita? Te extrañamos en el parque".*

Ella contestó: —*"Creo que ya no podré salir nunca, porque me duele mi pie y lo que más me gusta es bailar y jugar".*
El Guerrero convencido de que su amiga se recupera le dijo: —*"Yo soy fuerte porque puedo sostener mi cuerpo, y eso me hace feliz".*
Llegó el lagarto y le dijo: —*"Yo soy armonía porque cambio mi ceño por una sonrisa."*
Se unió el búho y comentó: —*"Yo soy aprendizaje porque me gusta leer."*
También llegó la tortuga dijo: —*"Yo soy bienestar porque aprecio la paz."*

Apareció intempestivamente el cuervo y comentó: —*"Yo soy inteligencia porque me gusta observar".*

El árbol que estaba junto a ellos dijo: —*"Yo soy exitoso porque estoy vivo".*

La roca junto al árbol comenta: —*"Yo soy especial porque me amo".*

Y justo después de que sus amigos comentaron, la bailarina dijo: —*"Yo soy divertida porque mis amigos son únicos".*

Y así en esa algarabía. Sólo con la mirada todos agradecieron uno a uno el estar presentes, y disfrutar del aquí y el ahora.

La pequeña bailarina, el guerrero fuerte, el lagarto, el búho, la tortuga, el cuervo, el árbol y la roca inhalaron suavemente y exhalaron despacio y con ese círculo de sonrisas iluminaban su espacio.

10
ADE, LA TORTUGA INTRÉPIDA

Ade, la tortuga intrépida

La respiración es la llave para concentrarte y sobrepasar tus límites, logrando lo mejor de ti

Ade caminaba y se ejercitaba para su parado de cabeza. Se acercó el grillo Ramiro, observador, y dijo: — *"¿Cómo te puedes parar de cabeza?"*

Ade contestó: —*"Pues respirando".*

Él le dijo: —*"Pero tu concha se lastima".*

Ade contesta: —*"No realmente, soy consciente de mi cuerpo y todo lo puedo lograr. Solo me imagino haciéndolo, y poco a poco surge, pero siempre me acompaña mi amiga la respiración, tranquila y pausada, y así es mucho más fácil".*

Vamos a intentarlo, inhala suavemente y sube tus manos al cielo, ahora exhalamos lentamente y baja exhalando suavemente. ¡Ya crecimos! ¡Se siente muy bien! Volvamos a intentarlo otra vez, inhalamos suavemente, subimos manitas al cielo, crecemos y bajamos exhalando lentamente. Una vez más. Inhalamos suavemente, subimos la manitas al cielo y bajamos exhalando lentamente y así nos quedamos y continuamos apreciando nuestra respiración.

11
LAS ABEJITAS DIVERTIDAS

Las abejitas divertidas

Nuestras verdaderas alas son la imaginación, esta nos lleva a lugares extraordinarios.

Comenzamos con una hermosa sonrisa si queremos cerramos ojitos, respiramos y hacemos como abejitas, palpamos nuestro cuerpecito como suave y con colores de la abeja.

Nuestras antenas, nuestras alas grandes y expandimos nuestros brazos sintiendo el tamaño de las hermosas y fuertes alas. Inhalamos y las alas se mueven hacia arriba y exhalamos y las alas bajan. Nuestros ojos vivarachos observan lo hermosos de las flores de olores, ____________ ,________________, ________________, y ahora nos posamos en la flor de color _______________, sentimos los nutrientes y los transformamos en nuestro cuerpecito todo lo bueno de su néctar comienza por circular desde la punta de nuestros pies hasta nuestra cabecita, y sentimos el bienestar.

Respiramos pausadamente y poco a poco volvemos a respirar, tapamos nuestros oídos, podemos cerrar ojitos, y hacemos el sonido de la abeja

Zzzzzzzzzz,zzzzzzzz, zzzzzzzzzzz, (la duración depende de la condición para realizarla). Podemos inclinarnos hacia un lado y luego hacia otro. También podemos levantar los codos, direccionando nuestro vuelo. Seguros seguimos volando y percibiendo el olor de las flores (2 min a criterio del personal de salud). Destapamos nuestros oídos, abrimos los ojitos si estaban cerrados, Y en ese estado de diversión y sonrisa grande seguimos respirando y contemplando el bienestar que nos brindó sentirnos como abejitas. Agradecemos a nuestras compañeras abejitas y a la abejita mayor (el narrador), por esta hermosa experiencia.

Biografía

Z. V. Rouse
Originaria de Ciudad Valles S. L. P. México

Certificaciones de hatha yoga holístico, yoga para niños , restaurativo y meditación

Certificación en creatividad infantil
Diplomado de filosofía del yoga

En la búsqueda de ser pleno, me encontré con la oportunidad de sentirme como niña y contagiar a mi entorno para disfrutar y contagiar algunos adultos.

Meditación para etapas de recuperación

La oportunidad de transformar un estado incómodo e inestable en quietud mental, mediante interacciones narraciones, donde el niño o adulto participan considerando sus limitaciones físicas, evaluadas previamente por el personal de salud. Cada dinámica es una experiencia divertida, los personajes exploran emociones y al final la empatía prevalece.

Integrando posturas suaves, técnica de respiración, disfrutando de meditaciones en reposo y en movimiento.

Dirigido a personal de salud, padres y familiares a cargo del cuidado en etapa de recuperación, sugeridas en escuelas, casas de retiro, pudiendo ser una herramienta complementaria como terapia ocupacional, por ser un material práctico y adaptable a diferentes entornos, haciendo más llevadera la etapa de recuperación.

Un proyecto de corazón

Encaminado a auxiliar en el tratamiento de la salud física y mental.

https://www.facebook.com/mediartrouse

Cupón de10% de descuento en la clase para aplicación de Guía para etapas de recuperación.

Un porcentaje de estas clases será destinada a niños en condición vulnerable.

Para hacerlo efectivo enviar tu ticket de compra del libro o ebook al correo: zrouse.ac46@gmail.com y recibirás agenda disponible.

Made in the USA
Columbia, SC
02 April 2022

58394777R00039